AF282707

ESCRITOS AJENOS
A LA RAZÓN

ExLibric

CARLOS ÁLVAREZ ENCINAS

ESCRITOS AJENOS
A LA RAZÓN

EXLIBRIC
ANTEQUERA 2024

ESCRITOS AJENOS A LA RAZÓN
© Carlos Álvarez Encinas
Diseño de portada: Dpto. de Diseño Gráfico Exlibric

Iª edición

© ExLibric, 2024.

Editado por: ExLibric
c/ Cueva de Viera, 2, Local 3
Centro Negocios CADI
29200 Antequera (Málaga)
Teléfono: 952 70 60 04
Fax: 952 84 55 03
Correo electrónico: exlibric@exlibric.com
Internet: www.exlibric.com

Reservados todos los derechos de publicación en cualquier idioma.

Según el Código Penal vigente ninguna parte de este o cualquier otro libro puede ser reproducida, grabada en alguno de los sistemas de almacenamiento existentes o transmitida por cualquier procedimiento, ya sea electrónico, mecánico, reprográfico, magnético o cualquier otro, sin autorización previa y por escrito de EXLIBRIC; su contenido está protegido por la Ley vigente que establece penas de prisión y/o multas a quienes intencionadamente reprodujeren o plagiaren, en todo o en parte, una obra literaria, artística o científica.

ISBN: 978-84-10076-58-7
Depósito Legal: MA 1540-2024

Impresión: PODiPrint
Impreso en Andalucía – España

Nota de la editorial: ExLibric pertenece a Innovación y Cualificación S. L.

Cualquier forma de reproducción, distribución, comunicación pública o transformación de esta obra sólo puede ser realizada con la autorización de sus titulares, salvo excepción prevista por la ley. Diríjase a CEDRO (Centro Español de Derechos Reprográficos) si necesita fotocopiar o escanear algún fragmento de esta obra (www.conlicencia.com; 91 702 19 70 / 93 271 04 47)

CARLOS ÁLVAREZ ENCINAS

ESCRITOS AJENOS
A LA RAZÓN

Un poemario

para nuestra humanidad

Carlos Álvarez (Madrid, 1965) ha publicado un nuevo libro, el tercero desde que generosamente decidiera mostrarnos sus versos: *Marta Arrieta* (2021), *La sombra de los malditos* (2022) y, ahora, *Escritos ajenos a la razón* (2023). Un libro por año: sorprendente en términos editoriales, pero poco para todo lo que el alma del poeta desea —y necesita— expresar (o gritar). Estoy seguro de que el camino de Carlos, como escritor, seguirá yendo sin pausa y hacia arriba en su constante sacrificio contra lo incógnito de la existencia y a favor del sentido vital. Una lucha en la que va «obteniendo el desprecio y desdén de tantos otros que no han sabido todavía comprender ni entender absolutamente nada» (III. La sombra de los malditos, volumen III).

He tenido el privilegio de escribirle estas «tangenciales» palabras, porque él mismo me lo ha solicitado. No puede haber mejor halago para mí que arropar los versos de un querido poeta. Gracias por tan generoso detalle. Es la segunda vez que acompaño a Carlos en esta fiesta literaria. Ya en *La sombra de los malditos* le dediqué unas reflexiones a la melancolía que encontré entre sus versos, una melancolía que vuelvo a hallar en los poemas que estructuran *Escritos ajenos a la razón*. Pero he visto más en esta selección de entre toda su obra aún no publicada. He visto obsesiones, distancias, miradas, humildad, abandonos, silencios, tristeza… Incluso una melancolía que tiene máscara de rabia pocas veces contenida: «Gritamos contra el muro de la intransigencia y enrabiamos ahogados en el profundo e hiriente dolor que nos genera tanta impotencia» (I. La sombra de los malditos, volumen II). Una rabia que es también la congoja del mundo ante su propio final: «La única certeza que nos queda, aunque duela tanto y nos inunde de profunda tristeza, es que la Tierra agoniza y no hay retorno» (II. La sombra de los malditos, volumen II).

Escritos ajenos a la razón es un libro de una obra en crecimiento que se nutre de una selección de viejos poemas y la inclusión de otros de reciente creación, como queriendo mostrar al lector que la «forma poética» es reflejo de los cambios que el fondo endotímico del poeta va sufriendo en su quehacer creativo. En la poesía nada está quieto. Ella también se nutre a sí misma. Y esto mismo ocurre en *Escritos ajenos a la razón,* poemario compuesto por ciento quince poemas, que cabalgan entre la prosa lírica y las reflexiones, rescatados de seis poemarios que aún no han salido al mercado. En ellos, el yo poético camina, sufre, se pregunta y examina aquello que palpita en su interior, en una asunción de la existencia como entidad viviente y sintiente, «No quiero olvidarme de vivir» (XIII. El corazón del hombre), y no como sujeto pasivo de una ideología o producto deshumanizado de la atropellada coyuntura: «(…) y tener el coraje suficiente para luchar contra el infame poderoso que, a modo de impiedad, con su extrema codicia aplastó siempre que pudo todos nuestros sueños» (I. La sombra de los malditos, volumen II). Es el Hombre, en mayúsculas, que encuentra su auténtica voz por encima del bullicio y, en un acto de desprendimiento, permite que el otro la escuche: «Y continúo hasta confundir a la razón con una bonita historia por contar. Siempre habrá quien la crea» (XIV. Renacer). Ese otro no es una entidad general o anónima. Ese otro es el prójimo, el ser que es semejante en cuanto que vive y padece las inclemencias del tiempo, la persona con rostro reconocible. Es un tú a tú tan demasiado íntimo que llega a doler: «Qué manera tan extrema de sentirse vivo y llevarlo a cuestas con el mayor aliento» (IX. La sombra de los malditos, volumen III).

Por lo visto, el reconocimiento de la individualidad y de la valía como ser existente no se limita a una visión individualista o a una egoísta afirmación vital. No. Lo que acontece en el corazón del Hombre va en sintonía con el ADN de la humanidad, que intenta no rendirse: «Me enredo en las miserias de los hombres, voy sintiendo su abandono, pero avanzo» (I. La sombra de los malditos, volumen III). En otras palabras, *Escritos ajenos a la razón* es la constatación de que, en el fondo y en la superficie, todos los seres humanos somos iguales. Y en ese esfuerzo por re-conocernos habrá que darle una oportunidad al amor, que siempre nos libera: «Quiero un amor tranquilo que, cuando las luces se apaguen y el mundo duerma, corra a recostarse junto a mí» (XVI. El corazón del hombre).

Enhorabuena, Carlos, por este contundente poemario. Espero que vengan muchos y más potentes.

Luis Solís
Docente universitario
Filólogo y crítico literario

En sus anteriores libros publicados, *Marta Arrieta, palabras de sangre y otras vergüenzas* y *La sombra de los malditos,* ya hace gala de una prosa valiente y sin complejos; sin embargo, en esta cuidada selección de textos pone todas las cartas boca arriba: la vida, la muerte, el amor… en su constante anhelo de encontrar un sentido tangible a nuestra existencia.

En estos 115 poemas brota, aun con más fuerza, el elemento que casi siempre actúa como protagonista en toda su obra, su enigmática gran obsesión: el firmamento y, por ende, el universo, que todo lo contiene.

LA SOMBRA
DE LOS MALDITOS

«Volumen II»

I

¿Qué sabemos nosotros del peso del mundo?; ¿de la existencia de una realidad que pisotea nuestro criterio?

Una vez más me lo pregunto, cuando no somos ni capaces de arrebatársela a las garras siniestras de la tiranía.

Gritamos contra el muro de la intransigencia, y enrabiamos ahogados en el profundo e hiriente dolor que nos genera tanta impotencia.

Siento que el mundo me llama sin descanso, pero aún no soy capaz de ver con el alma toda su tristeza.

Quiero volver a ser aquel hombre que comprendía el sufrimiento del pájaro cautivo, cuando sus endebles alas no eran lo suficientemente ligeras y resueltas para alzar el vuelo disfrutando de su afanada libertad.

Quiero entender la vida con el corazón al que me debo, para defender al más insignificante de los miserables; y tener el coraje suficiente para luchar contra el infame poderoso que, a modo de impiedad, con su extrema codicia aplastó siempre que pudo todos nuestros sueños.

II

Son las vísceras de la codicia las que se revuelven y agitan en las tripas de los peores hombres.

Desde lo más ruin del corazón, se empecinan las bestias del planeta en hacer sangre y ensañarse con la verdad.

A menudo, el daño de los que destruyen se muestra gratuito y estéril, vano e innecesario, persiguiendo la inmensa pobreza que les otorga el vil metal.

Querer volver atrás, como si nada hubiera pasado, ya no es posible cuando tanto sufrimiento se torna inevitable, porque la herida sigue sangrando en una descomunal hemorragia que desquebraja y quema la tierra, altera los mares y hace llorar hasta a los cielos.

La única certeza que nos queda, aunque duela tanto y nos inunde de profunda tristeza, es que la Tierra agoniza y no hay retorno. Y que en nuestra desesperación empezamos a comprender que ya es demasiado tarde y que poco o nada podrá decir un muerto.

III

Un muro infranqueable que atormenta a la conciencia. Un pensamiento desintegrador que no cesa de agitar una turbia existencia repleta de sombras y metas desvanecidas.

Un presagio infundado que no hace más que inquietar a un presumible futuro al que enfrentarse y temer por su lejanía.

Si me encuentro perdido esta noche, me queda la esperanza de poder vislumbrar con mayor lucidez la brillantez de sus estrellas, aunque ahora desconozca donde se hallan.

No quiero alejarme de lo único que me emociona en esta vida, tan sólo por miedo.

No puedo permitirme prescindir de tu aliento; sería como renunciar al combustible que alimenta mi alma: la decisión de la desconexión completa de mi mente con la única realidad que entiendo.

La dolorosa renuncia de abandonarlo todo, dejando de lado por nada nuestra conquista del universo de la vida.

Me siento tan lejos de mí, que me asusta la idea de no volver a encontrarme y perderme entre oscuridades que me separen para siempre de un emocionante final a tu lado.

IV

Al infinito de tus ojos me entrego al tiempo que me disperso cuanto más me aproximo a ti, consagrándome ineludiblemente al universo de tu pensamiento.

Leo las formas sutiles de tu rostro y lo persigo en una atracción imposible de acallar, con el esbelto y candente ritmo de tu figura ocupando toda la escena.

En ti y para ti vuelvo a caer, una... y que sean mil más si se prestan, y después puedo tropezar de nuevo enredándome entre tus brazos, hasta sucumbir por entero a la tiranía de tus encantos.

V

Qué difícil es escribirte desde las heridas abiertas en mi pecho; allá donde enmudece el alma y se torna esquiva la lógica de la razón.

Es verte y desvanecer por no tener apenas ligeras fuerzas para andar esos pequeños pero pesados pasos que me entregarían nuevamente a tu corazón.

Te diría que sí a cualquier imposible. ¡Lo sabes tan bien!

De todo lo que alcancé junto a ti, cuando me restaba más vida que la ya transcurrida, me quedo con cada uno de esos instantes frente a tus ojos; inquieto y pendiente de tus labios, por si aún querían dibujarme una enorme sonrisa, que nacería con el brotar de mis ilusiones y alcanzaría hasta el infinito de mis sueños contigo.

VI

La brisa agita mis pensamientos en una progresión incesante de nuevas ideas que buscan el modo de alojarse en mi mente y no despeñarse como otros millones de ellas que en su día también vinieron para intentar quedarse y fracasaron en su excesivo afán por conseguirlo.

La inconsistencia de mi perseguida tenacidad de nuevo hace aguas, aunque siempre promete al universo que este espacio es el correcto. El que día a día y a cada segundo de mi percepción batalla porque sea el magno instante del flash que capture la idea genial en el momento y en el lugar más acertado.

VII

Y lo creo esta vez, como no hubo otras ocasiones en que creyese a esos ojos y su odiosa oratoria, que mentían por exigencias de un ridículo guion que rápidamente hizo suyo; de un maldito relato e hilarante discurso, fuera de todo término normal, donde se atrevan a establecer esa línea de lo razonable y lo disforme.

Y ese odio irracional vuelvo de nuevo a sentir, para despreciar todo lo que ella fue, es y, sobre todo, lo que progresa y promete inexorablemente que será.

VIII

Es tu piel que permanece a mi lado y siempre elige estar conmigo.

Es tu mirada tan limpia, brillante; tu manera diferente de comprender mis deseos, de entender lo pasado y ansiar este ahora.

Es tu modo de dejarme en el más inmenso silencio.

También es cuando arrebatas mi mundo con tu sonrisa; cuando aplacas mis demonios y acaricias mis palabras; cuando abrigas mi razón; cuando eludes mis torpezas; cuando sabes de mis inmensas ganas de tenerte. Es cuando te abandonas a mis caricias y te estremeces.

Cuando te dejas devorar por completo y tu piel se eriza y tiembla.

Es cuando sonríes al verme llegar…

Cuando marchas, me giro y vuelves tu mirada atrás.

IX

Lo que él llamó felicidad resultó ser otro maligno engendro disfrazado de materia superflua.

De lo imposible surge lo inesperado. Y de ahí a la excelencia sólo hay un minúsculo paso, un camino que te lleva solo.

Ama, ríe, siente y siempre besa; no pares de besar, perdurarás en el tiempo.

Limitarse a subsistir es sobrevivir abocado al inexorable olvido.

X

Duermo y despierto en esta consecuencia convertida en dos vidas muy distintas anexadas al paralelismo de la alternancia.

Camino erguido siempre que puedo y, entre dos mundos, disfruto y sufro sus placeres y percances.

Dos realidades que me brinda la existencia, jugando entre ellas, ajenas a los avatares y caprichos que, de nuevo, el destino se encargará de concederme.

XI

Oscuras sombras que van quedando ancladas a las soledades de la vida.

Pétrea tristeza que siempre precisa regresar al origen de nuestra realidad; cuando las ilusiones rotas se muestran y acaban por establecerse, momentos después del ilusorio intento y fallido viaje al paraíso de la felicidad.

XII

Es una más de tantas lágrimas… diminuta, olvidada, abocada a toda indiferencia; la que ahora derramo por un larguísimo tiempo transcurrido, a menudo desperdiciado, tan poderoso y casi eterno que me contiene, y del que aún desconozco su sincero motivo, su verdadera razón.

Es aquella que nadie es capaz de ver, y en su prodigiosa caída, temblorosa, termina por arrasarlo todo dentro de mí. Para volver a dormir nuevamente a tu lado, junto a ese espacio en que habita nuestra complicada existencia en la que sólo existimos tú y yo.

Es como veo el mundo cuando juegas con mi deseo hasta convertirlo en desesperada inquietud.

Son todas esas tardes rojizas y candentes del ardiente verano, que fueron acariciando tu piel, mientras yo tan sólo pude desearla hasta ceder de envidia a los rayos de luz de tan poderoso sol.

Tus ojos… la brillantez que en ellos juega y me equivoca. Y todo ese raudal de amor que desespera a cada momento por ti.

XIII

Sucedió tan cerca de tu piel, donde antes pude pausar todo el tiempo del mundo para entregarme a una vida que, hasta ahí, me ofreció lo que yo en mi pasado hube buscado en ella, y que en su transcurrir se fue convirtiendo en tan poco, cuando a tu lado me vi compartiendo el universo de un amor que ya de mucho antes nos pertenecía, y que nada ni nadie pudo jamás arrebatarnos.

Sucedió entre penetrantes miradas, llenas de ayeres que en aquellos eternos días disfrutamos, como si ya intuyéramos que un futuro perfecto no iba a darse para siempre. Pero eso tampoco importaba demasiado cuando hasta entonces todo fue impecable. Encajaba entre la perfección y la felicidad de una inconsciente manera de abordar y de lanzarnos a la vida.

XIV

Adentrándome en el bello y profundo silencio de tu piel, te deseo, te respiro, te quiero y le robo al mundo tu presencia.

Me quedo con tanta poesía como ahora puedo sentir que en nosotros se encuentra. Donde tus recuerdos me asaltan como el mapa de tu piel está siempre dispuesto a curar mi alma, a ofrecerme la salvación a cambio de mi natural forma de entregarte todo lo que soy.

Y con tus labios, buscando toda una vida en los besos que me entregas, como si un final inminente, que jamás llegará, nos fuera a asaltar para romper toda la magia de un amor que ya era nuestro desde mucho antes de conocernos.

XV

La confusión del abandono se torna de un gris rabiosamente oscuro, tan parecido a ese temible cielo que antecede a la iracunda tormenta.

Acechante y ajena a toda razón camina sin mirar atrás, reconstruyendo todo lo que una vez cobró sentido y ahora, como de un plumazo, regresa a la morada del olvido.

LA SOMBRA
DE LOS MALDITOS

«Volumen III»

I

Me enredo en las miserias de los hombres. Voy sintiendo su abandono, pero avanzo, poniendo la mejor energía de que dispongo y también mis sentidos más avezados.

No caer en la perversidad y en sus peores vicios, aquellos que más amamos los mundanos, y lo digo porque yo una vez fui, y no hace tanto, el mayor inconsciente de sus esclavos.

II

Es una extraña sensación, como si hubiera compartido un millón de existencias a tu lado y, aun así, no fueran las suficientes.

Es una extraña sensación que está durando toda una larga vida. Que me habla de ti a cada momento, y que tantas y tantas veces no termino de entender y acabo temblando como el pequeño párvulo que busca desesperado los brazos de una madre siempre ausente.

En la bocanada de aire que respiro, con la necesidad imperiosa de saciar a mi pecho para eludirle del ahogo, una y otra vez te siento.

Como la rueda que gira, gira y te va envolviendo en su hipnótica y repetitiva secuencia. Así es mi pensamiento cuando te instalas en mi mente y pones todo tu empeño en permanecer ahí, inamovible.

Luego entiendo que no puedo hacer nada más que esperar a que lentamente te difumines hasta desaparecer.

Respirar, entonces, ya no vuelve a ser lo mismo. Pasa a ser algo tan fisiológico, funcional… Pierde el alma, pierde el aliento.

¡Ya no sabe a ti!

III

Sigo creyendo ser ese hombre iluso que ayer se vestía joven, terco e insensato. Y, aún hoy, conserva el espíritu intacto y combativo del que lucha por lo que firmemente cree, obteniendo el desprecio y desdén de tantos otros que no han sabido todavía comprender ni entender absolutamente nada.

Me siento el fallo de todos, y muchas otras veces, el acierto de unos pocos.

Pero tú estás ahí. Y tu única razón me vale un todo.

Amas de la misma manera que yo quiero dejarme querer, y te dejas amar del único modo que yo concibo quererte.

Aunque en todo lo demás, seamos… o incluso fuéramos tan diametralmente distintos; lejos de alejarnos, yo creo en todo lo contrario. Estoy tan seguro de que esa es nuestra gran y enorme suerte.

IV

A golpes con los muros de esta sinrazón, eficaces dentelladas para sus barrotes.

Preciso la libertad con la fuerza que todavía, que aún irradio de mi mente, y creo saber contar con la dura fragilidad de mi cerebro que lo contiene todo: mi fiel capitán, mi sufrido marinero, mi amigo.

No puedo sentir ahora ninguna diferencia entre mi corazón y su razón que le acompaña. Caminan juntos sin dejar de observarse, comprendiendo que solos no tienen nada que ofrecer, pasando a ser los huérfanos de una dilatada vida.

V

Es la mujer que no se enreda en huecas conversaciones. Aquella que no pierde su tiempo colgándose de su brazo. Es la que da sentido a cada gesto que articula.

Es la mujer que, cuando te miro, en realidad busco en ti, y temo con inquietud no encontrarla dentro de tu cabeza.

VI

Sobre nubes me deslizo como un loco urbanita con los ojos inyectados de futuro.

Me presento con la mejor de mis sonrisa y destierro a mis aburridas penas dos metros tras de mí.

Puedo pensar y deseo hacerlo. Puedo pensar que otra vez iré a reunirme con la premura de los tiempos para desparramar la basura y el odio nauseabundo que habita por los callejones del olvido.

Y deseo hacerlo... Lo deseo con la fuerza inspiradora, terca y transgresora que, por fin, me otorga la palabra.

VII

Arriesgo mi mundo por volver a sentir tu aliento en mi boca, y no me equivoco.

Dejaré mi pasado atrás para quedarme clavado a tus ojos; son tan claros, transparentes… que puedo ver nítidamente cómo destilan, lloran verdad, y me desnudan con la facilidad como antes ya me vistieron de entusiasmo.

Sólo pienso en enredarme en ti, perderme en la maraña de tus cabellos.

Con cada bocanada de aire fresco que robo a esta rozagante mañana de invierno, debo imaginar que muy pronto sucederá lo que nuestro instinto no es capaz de desprenderse ni mínimamente controlar. Una vez más, el deseo está aquí, jugando con nosotros.

VIII

No tienes por qué seguir recordando aquello que apague tu sonrisa.

Ayer, tan sólo marca un instante de un pasado que en este momento nada debería tener que decirnos.

Es tu silencio el que dictamina en su meditada decisión, el declarar que basta ya a lo que presupone que será la razón de un estéril sufrimiento.

Me contradigo, me niego, me escapo de tus palabras y abogo a nuestra mirada de ese tiempo, que vuelve a evocarme que, aunque el intento por desaparecer de nuestro círculo en el que no conseguimos del todo acomodarnos, en tu pensamiento sigo estando otra vez, contrariando tu planeada existencia.

No me preguntes si lo sé con toda la certeza, no habrá respuesta. Al igual que tampoco existe un día, en el que sienta que has dejado de pensar en nosotros y que relajadamente me has olvidado. Aunque advierto con desaliento que prima ese deseo entre tus mayores pretensiones.

IX

Cuánta música, y qué tanto duele, acumulamos bajo la piel.

Qué manera tan extrema de sentirse vivo y llevarlo a cuestas con el mayor aliento. Y qué cruel resulta este modo de despertar al hambriento sueño de la interminable duda.

Reparo en cómo ayer mis huesos sintieron la humedad y el frío de la noche y, sin embargo, hoy pueden percibir la calidez en la madrugada de unas notas que se aproximan de otro despertar, y en una melodía que viene de lejos para quedarse a mi lado, abrazando a mi esperanza en la razón del insistente deseo que me atenaza a la exigencia de seguir esperando a nada, a nadie, en algún lugar y en ningún aspecto todavía tangible, para alertar a mi inconsciente estado de extrañísima y ávida lucidez que aún permanezco aquí, disfrutando con fuerza de todos y cada uno de mis sentidos.

X

Cuando consigo adivinar tu pensamiento, siempre me lo muestras en la manera en que mejor puedo entenderlo; con esa leve, minúscula sonrisa que esbozas desde tu fascinante timidez.

No sé bien si es el brillo de tu mirada, quizás el gesto de tu rostro o, tal vez, ese todo que no soy capaz ahora de expresar, pues mi cerebro no alcanza a sentirte con la certeza con la que mi corazón sabe hacerlo y le sobra virtud y sobrados motivos para que sea él quien nos eleve a los cielos; aquellos que ahora nos pertenecen y llevan toda una eternidad tras nosotros, esperándonos con el completo convencimiento de que, más tarde que temprano, terminarían por arrollarnos y envolvemos en su inmenso resplandor.

XI

No existirá un tiempo ni un lugar mejor donde expandir tantas ideas como este ahora que se nos ofrece.

Con los sentidos cargados de emoción, bañados en un océano de infinitas posibilidades; en un universo de verdades que son sencillamente absolutas, ya que no nacieron en este mundo, sino que se fueron creando en el vasto espacio, donde el origen del principio de la vida dio sentido a todo.

Verdades que no alcanzamos siempre a entender. Verdades que viven en nosotros y que, cuando nos salimos de ellas, una voz interior que no podemos controlar provoca un dolor intenso que nos desgarra.

No sabemos ni sabremos con exactitud cuál es el camino de la rectitud del alma. Pero lo seguro es que siempre terminaremos por saber cuál no es el camino a seguir, para así evitar traicionar los principios de toda vida sintiente.

XII

Huyo de toda belleza huérfana de la chispa del talento y la originalidad que otorga la inocencia cuando a esta le acompaña la armonía del juicio más sesudo.

Reniego de las palabras huecas, del mezquino cinismo que lo acaba por corromper y ensuciar todo.

Busco a todas horas, como un loco enajenado, un atisbo de genialidad que me abra a un mar embravecido de imparable creación. Ese inagotable caudal que desborde mi mente y desparrame sobre el papel un raudal de palabras, frases, ideas que constantemente, a todas horas, me quedan, me enredan… y que me sigan quedando siempre por contaros.

XIII

Seré diferente al hombre que conociste ayer, cuando el tiempo se abalance, se encargue de nuestras vidas con el desafecto de un crono que transcurre, nos golpea y jamás parará por nadie.

Los achaques de un cuerpo cargado de historias, unos ojos que ya no observan nada en concreto y, a la vez, parecen mirar a todas partes, perdiéndose en el infinito.

Dejamos tan pronto de creer en los sueños para ponernos en manos del destino…

Sólo vuelves a quedar tú. Hoy, quizá, más grabada en mi pensamiento… escueta, delicada.

Sigues siendo tú, y ahí el tiempo es incapaz de vencer sobre la memoria. Mi recuerdo y tú, tú y mi recuerdo estáis bien seguros. Y de ahí a la nada, el imposible. No hay fuerza ni poder en este espacio que pueda ya borrarte de mi cabeza.

XIV

Si existe esa vida de la que nadie habla y que todo lo puede, que me arrastre ahora con toda su carga.

Que me devuelva al origen del pensamiento más perspicaz, locuaz, tremendo... Allá donde jamás pisamos los muertos de asco y defenestrados, los condenados por el infortunio a la peor soledad posible.

De un amor que no tiene de ángel más que el primer minuto, y que a su paso todo lo invade y envenena.

Hoy no sé escribir para tus ojos. Hoy me entrego a nuestros miedos y a mis aferradas miserias.

Hoy no quiero avivar tu aliento ni intentar animar la esperanza muerta. Hoy tan solo deseo encender la luz en la oscuridad del corazón del hombre perverso para despertar y aniquilar las conciencias de los más miserables.

XV

No sigas mis pasos en la noche. Son ciegos, húmedos, tan incómodos y fríos… Acaban donde la luz comienza a despuntar con la llegada del día.

Terminamos comiendo de nuestros recuerdos con la facilidad con la que seguimos emprendiendo la huida a ninguna parte, a ningún lugar.

Una digestión áspera, una conversación bronca y vacía. Y, mientras tanto, una vida que transcurre a la sombra de la verdad, que ahora es más necesaria que nunca.

Mírate frente al espejo y descúbrete ante la insoportable realidad; no hay otra por la que la puedas cambiar. Restriega tu insegura vida por los afilados cristales del destino, y cuando la sangre brote libre, resuelta, sin miedo; a borbotones. Entonces, búscame y hablaré contigo.

XVI

La verdad no se detiene ante nada. No busca razones, ni tan siquiera excusas para justificar su justa y siempre implacable crueldad.

Sabe muy bien que es por algo el que se exhiba ante todos altiva y descarada, amenazante sobre las conciencias más culpables, con la fuerza que en sí posee, y que es toda la acumulada en tantos siglos compartidos con la inmundicia humana.

XVII

Es tan diferente el amanecer de unos versos escogidos al azar. De su mano todo se vuelve fácil, sencillo; se deslizan las letras sobre el papel.

Pienso en un futuro que me acaba irremediablemente trasladando a un tiempo que cuida de todo lo que siempre me ha importado.

Unos ojos brillantes, anhelando mil instantes que no pueden repetirse. Han pasado ya tantos años y tan poco tiempo en mi memoria, que parece que un lustro fue ayer, y un año, unas pocas horas.

Escribo porque el miedo a olvidarme de mi vida anterior me inquieta, atenaza mi pulso y va helando mi interior.

XVIII

Acostumbro a dejarme llevar, sin saber si esta vez mi destino prometió paz o, en cambio, alberga una intensa lucha.

Me resisto al hierro que a mi sangre anhela, careciendo del sentido de un juicio certero para determinarlo todo.

Me entrego al ritmo de la pasión que marca un tiempo que ahora prefiere esperar para poder ordenarse, sin olvidar que una vez unimos nuestros alientos.

XIX

Siempre son historias conocidas, olvidadas entre el ensordecedor ruido de la palabrería, y ante una luna que lo ilumina todo sin pedir nada ni juzgarnos. Y, aun así, continúa cuidando de nosotros al caer la noche, cuando el sol del día se debilita y acaba perdiendo su brillo en el horizonte.

Es tan sencillo y también triste de entender una vida que transcurre sola en el tiempo, donde arrastrarse sin querer buscar más adentro de donde te pueda llevar tu instinto por sobrevivir, y que no es más que el resultado, la consecuencia de no hacer absolutamente nada por cambiar el rumbo para no verse abocado a una inminente deriva que te llama casi a gritos.

Contar con respirar es fácil cuando tu idea de la existencia es dejar que pasen los días, las horas… soportando las torpezas de los hombres.

Son tantas las vidas muertas, ahogadas en la orilla de sus ilusiones.

XX

Dando tumbos entre una multitud incapaz de advertir que existimos.

Pienso en la culpa entre lágrimas con sabor a un pasado que pesa y se niega a partir, que provoca una angustia que no puedo arrancar de la piel y duele tanto como aquellos primeros días.

Pienso tal vez en las flores que ya no podré disfrutar, en los frutos que jamás llegaron a brotar de tu vientre y en cómo puedo salvarme ahora que reposo sobre él, con la placidez de sentirme de nuevo en el punto de partida de nuestro insólito relato.

En el hogar donde empezaron todos nuestros sueños, y que es preciso que sea ahí donde acabar con sus pesadillas.

Vuelve a mí ese perfume que flota por todas partes y ya puedo sentir que lo impregna todo.

Nos quedamos mirándonos cuando vuelve a suceder aquello que no puede cambiar de modo alguno, nada.

Es inevitable que caigamos en el feroz sueño en que abrazarnos con fuerza aún pensamos que podrá salvarnos, alimentando toda nuestra absurda locura.

XXI

La noche más cálida se despierta deseosa, descubriéndose entre las lánguidas sombras que proyectan nuestros cuerpos sobre el firme pavimento, y a través de los enormes cristales que cubren los ventanales del salón, y a medida que nos desafiamos ante una luna irreverente, despojados esta vez de la menor vergüenza y rubor, y más dispuestos que nunca a enredarnos en las pasiones más ocultas y alentadoras.

Es otra fantasía por cumplir en un día que nos quiso devolver parte de lo que el tiempo nos fue robando en los años que permanecimos remotamente alejados, encontrándonos, en realidad, tan cerca físicamente el uno del otro, que llegaría incisivamente a asustarnos tan sólo el mero hecho de recordarlo.

XXII

Entre tantas escenas que visionamos bajo esta indolente actitud,
y que tampoco dejan mostrar desde su origen, dándole mil giros
al laberinto de las secretas intenciones, mientras yo dibujo en mi
mente y a toda prisa el desvergonzado mapa de tu cuerpo.

Cuánto derroche y con qué gusto te acojo entre mis fantasías.

Quiero compartir contigo algo más que el capricho de un ins-
tante que se deje llevar.

Quiero verme arrastrado al osado juego de seducirnos.

Es el sutil modo, que no valdría nada en otras circunstancias.
Incluso sería un asunto vulgar y probablemente grotesco.

XXIII

El sol se deslizó desde tan lejos para encontrarnos y cegar con su luz nuestra emoción. Y siguió buscando, y rebuscó entre nosotros; en la piel, por debajo de nuestra ropa… por si algo de fortuna nos quedaba todavía escondida, agazapada y disimulada bajo nuestros poros, y se la estaba perdiendo.

Somos el gozo de las estrellas y la angustia de la oscuridad.

Somos todo aquello que una vez conservamos con tanto tiento.

Pero somos, sin duda, mucho. Somos todo aquello que continuamos cuidando cada día, y a cada paso consigue que brillemos más y más.

XXIV

Con cada giro que das regresa a mi mente un pensamiento diferente.

Es la idea más rebuscada, la que se aloja en tu cerebro y que ahora busco sin parar. Este interminable día que dirá lo que puedo esperar de ti y lo que no.

Prefiero sucumbir en el silencio de la noche esperándote sin ser visto, a hacerlo después, a la vista de mis enemigos, desde mi atalaya, aún con toda la gloria rodeándome.

De qué me sirve hoy la victoria, si no puedo compartirla. Para qué puedo desear todo el esplendor de la tierra, si en el fondo sigue sangrando mi herida como aquel primer día que caí herido y no supieron curarme del abandono.

Regreso para encomendarme a ti, buscando las curvas de tu mente. Y en ese extraño pensamiento me vuelvo a alojar, sangrando más que ayer, pero con la dignidad necesaria como para pisotear mi orgullo sin pestañear, mirarte a los ojos con descaro y no vacilar ni un instante cuando acaricie tan suave y entre tu cabello la piel de tus mejillas.

XXV

No existe la manera perfecta de empezar.

Una afirmación, un propósito que aflora y nos enreda. Una enorme inquietud por adentrarnos en lo que sólo el tiempo acabará por destapar.

Un deseo que deja de pender de los hilos de un destino demasiado caprichoso que ahora nos quiere liberar.

Por detrás, mis manos empiezan a recorrer todo ese mundo que ofreces a cambio de aún no se sabe y que, de momento, debería esperar.

Una gran suerte, un olvido que ayuda a que nuestro camino sea muy diferente al de otros estrictos amaneceres en los que gozamos sin preguntarnos lo que en realidad significaban.

XXVI

Me asombro cuando comprendo lo sencillo que me resultaba seguir tu rastro una vez que decidías marcharte.

Volvemos a lo de siempre, y de la misma manera en la que no puedo dejar de pensar en cuando tus rodillas se tambaleaban, temblando casi pavorosas por lo que se les venía encima.

Que se estremezca la piel de tu semblante, que presurosas recorrieron mis manos. Es casi el principio del éxtasis al que nos veíamos abocados.

Pero ahí estaba yo, para volver a sacudir tu cuerpo como al final también lo lograba con tu mente. La plenitud, entonces, tenía tanto que decirnos, y lo acababa haciendo… en lo que todo era absoluto y satisfecho silencio.

Después, tan sólo nos bastaba con mirarnos.

XXVII

Pesados son los sueños para el hombre gris que aguarda su cita con la madrugada.

A modo de espía, se agolpa en la cola del dolor, sin saber que él es uno más de los muchos que pronto dejarán de existir.

En su alado caballo de cristal sueña que recorre el mundo entre las nubes de la desolación y envuelto en la tormenta de sus delirios.

Amanece en el oscuro polígono. Las primeras luces descubren lo que en un principio parece un hombre solitario que yace inerte, helado, con una sonrisa vidriosa que asoma entre sus morados labios.

XXVIII

Se agolpan los extraños en torno a ti tras sus caretas de cartón. Ahora sufro en mi piel la violencia de sus duras miradas, que en nada nos recuerdan a la nítida imagen que siempre ha proyectado la certeza en su futuro.

Te llaman por tu nombre, a gritos, y tú decides no girarte, porque el miedo te vuelve a atenazar con tal fuerza, que hacerlo ahora sería rememorar todo ese infierno que una vez tan cruelmente nos ahogó.

Vacío, tan cansado y exhausto, duermes en el rincón inmaculado y virgen que nos reserva la conciencia.

Descansar no siempre es dejar de estar vivo. Hacerlo cuando la carga casi pesa toda una vida es el esfuerzo y verdadero triunfo que se merece brindarle a la verdad.

XXIX

El cielo más raso e inmóvil que pude contemplar. Aquel que todos los recuerdos contiene de un pasado que nos quedó lejano y que ya no duele, aunque siempre insiste y lo pretende.

Trituro aquellos pensamientos de otro ayer tan diferentes al tiempo que me persigue en un infierno imaginario, pero no menos real que el que entonces vivimos, cuando no éramos más que el proyecto de un destino canalla que nos lanzó a una vida sinuosa, de la que conseguimos salvarnos, para terminar volviendo a este instante que ahora me inspira.

XXX

La voz que calla en la noche, la que susurra tu nombre en el vasto espacio y que sólo yo escucho. El aliento que siento en mi rostro, tu deslumbrante presencia.

Tus labios, tu piel caliente y dispuesta, mi inmensa alegría.

El ayer que mudo nos envolvió y más tarde quiso jugar en nuestros sueños.

El hoy que en su belleza nos contempla, y ese mañana que duda para albergarnos en el eterno rincón de la espera.

XXXI

Cuento las sombras que se anteponen entre nosotros. Perfilo su geometría y busco la forma de deshacerme de ellas.

Tan importante es regresar limpio a tu encuentro.

Sostengo tu cabeza entre mis manos. Cuido de tus sueños despiertos, mientras me inundas con el calor que radia de tu pecho ahora contra el mío.

Es tu boca la que me encuentra… y yo me dejo, siempre me dejo; no hay otra manera en la que pueda comportarme cuando tú estás ahí: con tu locura, con tu pecadora sonrisa, con tu lacerante néctar engatusando a mis labios.

XXXII

Vestigios de un pasado que permanece inalterable en un tiempo que, de golpe, dejó de transcurrir.

Con el atrevimiento de ofrecernos a todo, ¿qué insólitas ideas nos abordaron entonces?

El viento ha regresado y, de nuevo, con su brisa nos desnudamos a tantos amaneceres como en otros muchos momentos sucumbimos a sus bellos ocasos.

Me provoca más el acariciar esa piel quebradiza, marchita y ajada que me vuelves a regalar, y que huele a vida como jamás lo sintiera, que el regresar a la dulce y tersa que un día descubrí en ti, y que tanto disfruté cuando el reloj de la vida se paró para nosotros, y por miles de instantes el caprichoso crono también nos perteneció.

XXXIII

Es el lamento inútil que lanzo al viento, esperando esa respuesta envenenada que terminará por helarme la sangre.

Es esa profunda y espesa razón que le quisiera robar al destino, y al que ahora tanto desprecio, porque seguro sé que me arrancará de tus brazos.

Puedo sufrir tu pérdida y soportar la ausencia que me dejes. Quiero llegar a recordarte siempre con la magia de tu sonrisa grabada en mi rostro. Mas lo que temo en realidad es el recurrente pensamiento de que la imagen y la esencia de ti, con el transcurrir del tiempo, se vayan diluyendo, distorsionando en mi cerebro, y acabe por recordar a otro alguien que no eres tú, y desespere en mi amargura.

XXXIV

Tantos atardeceres rotos, tanta desilusión deshilachándose por los rincones de nuestro pensamiento. Pero ahí seguimos estando, frente a todo lo que amenaza en desmoronarse, y que en un enorme imposible es inútil el dejarlo de contemplar.

Destellos que en la noche ciegan mis ojos, anuncian el final de una andadura que se advierte extraña… y tan diferente a otras veces.

Si no fuera por tus palabras en ese preciso instante, yo ya no habría estado allí, y ni mis decisiones, ni nuestros hechos, hubieran sido los mismos.

XXXV

Me estrello contra la agitación del mundo. Ante lo insostenible de mi razón, vuelvo a recular buscando unos brazos donde recalar.

Necesito tremendamente la fuerza. La pretendo al abrigo que generosamente me ofrece tu cuerpo.

Percibo el calor que irradias, y lo entiendo ahora tan nuestro, que me hace olvidar que una vez ese fuego avivó el ardor que nos reclamaba.

XXXVI

¡De qué manera regreso! Os observo silencioso, sin rehuir la mirada.

¿Qué fuerza lo puede todo y ante qué se bate? No alberga duda, es como siempre fue: el poder del deseo anhelante y frente al mundo.

Así siento hoy mi fuerza: desde dentro hacia fuera, cubriéndome por completo.

Qué bien me siento ahora que sólo necesito esa inmensa bocanada de aire fresco que alimenta a un cuerpo eternamente sediento de vida inmensa y lejana. La que mis ojos observan distante en el horizonte y a la que aman tanto como a la suya propia, pues allá, lejos, tan lejos, me sigue esperando.

XXXVII

Desde este silencio que a la fuerza ahoga.

Que nos llama a gritos que se apagan y diluyen hasta dormirse en la lejanía de nuestras dudas.

Es tu piel que a mi cuerpo se pega, y la disfruto hasta lo insospechado y lo imposible, hasta lo deseado y más tremendamente divertido.

Esa mirada fría para otros, y tan caliente a mis ojos, se clava.

Ese dormir junto a tu aliento, empapándome el alma a tropezones.

A tu lado quiero proseguir esta historia de inusitada locura que no termina, porque nadie sabe en realidad cuándo empezó a ser parte imprescindible y transgresora en nuestras exiguas vidas enfrentadas a un desmedido universo repleto de certezas.

EL CORAZÓN
DEL HOMBRE

I

Cuando deje de perturbarme ante las amenazas por sentirme vivo, de unos sentidos que se tornarán revueltos, confusos.

Un alma, tras un muro que me impide despegar.

Un pensamiento encerrado que no se entiende con nada, que ni tan siquiera llegará a reconocerme.

Habrá llegado el momento de partir tan ligero como hasta aquí llegué. Desnudo como el animal que fui y que aún mantengo y alimento, para consumir el mundo hasta mi final, en que ahora puedo vislumbrar un mejor principio para volver bajo otra naturaleza. Tal vez esperando a enredarme en otros designios que aún desconozco. O, quizá, tan sólo imaginando el transcurso de una vida apasionante.

II

Me revolveré mientras me dejen todo lo que con el barro de la burda mentira ha ido ensuciando a la única verdad que conforma los hechos, en una realidad inequívoca que a pasos de gigante arrasa mi planeta.

Viviré siempre y, ante todo, muy por encima de la falacia de los anunciantes de noticias. Pero no seré yo quien juzgue a un mundo que me hace llorar y revolverme en la impotencia que me genera su destrucción.

Sigo aquí, esperando decisiones que nunca llegan en un tiempo que se nos agota y que tanto tiene que ver con tu verdad, la mía y la de un universo que terminará por devorarnos.

III

Soy el músico de las letras olvidadas que duermen junto a tu corazón. Entre latidos, retorcidos compases, puedo tocar cada perversidad e inocencia hasta vislumbrar todos aquellos atardeceres que no fueron escritos para nosotros, pero sí permanecen estáticos a nuestros ojos, porque también los pudimos vivir. Regreso al final de toda vida, a tan sólo unos instantes antes de desaparecer; persiguiendo aquel abismo donde precipitarme, sabiendo mejor que antes que habría de pasar por el caos abominable que me provoca enfrentarme a tu mirada cuando la busco, tardo en encontrarla, y a la que no he sabido renunciar ni aun a riesgo de volver a perderla.

IV

A Gabriel Celaya

Se fragmentó nuestro universo, se deshizo entre tanta tristeza ante mi incredulidad.

Persisto, llevando aquel viento que augura materia sólida vestida de futura esperanza.

Para los que estuvimos allí, tan cerca de ese primer pestañeo de emancipación, fue el sueño fallido del joven iluso que, una vez, lo apostó todo al porvenir de nuestro delirante sueño que aquí yace mojado. Como la perpetua alimaña que desangraba nuestra alma desnuda, y a la que había que exterminar sin la menor dilación.

¿Dónde quedamos entonces nosotros?

¿Dónde nuestra libertad?

V

Es el hombre más feliz aquel al que ya nada le importa.

Llueve, llueve y lloverá… Y no parará de hacerlo hasta empaparse en su exultante alegría.

Es el hombre que ama sin medida y no teme a nada.

Es el mismo a quien odian, porque tanto amor despierta el miedo inmenso a pensar también en lo vacía que una vida puede ser, cuando todo se tiene menos ese atisbo de valor, para verse capaz de tenerlo igualmente, sin poseer nada.

Es el sueño del hombre que busco en mí, a quien persigo sin descanso y del que sé bien que, con el viento a mi favor, me llevará con suerte toda una vida el alcanzarlo.

VI

Tan diferente al hombre que se pierde en la noche buscando un destino, y duerme.

Llueve, llueve y llueve sobre nuestras cabezas. No para de hacerlo, y sólo tengo ojos para tu sonrisa.

Contigo bailo y entre mis manos tu cuerpo se escurre. Vuelvo a alzarte por la cintura hasta el cielo de mis brazos, y el sol por detrás de tu cabello insiste en cegarme. Apenas me deja espacio para distinguir el gesto inocente de tu rostro.

Comprendo, entonces, que el día, la noche, la lluvia o el sol cobran el mismo sentido, o la ausencia de él, dependiendo de la distancia a la que te encuentres de mi aliento.

VII

Me aborda el aire que respiro cuando te siento cerca en la descomunal distancia que nos separa. Tan al contrario y paradójicamente, va ahogándome muy lentamente en la cercanía en que me veo envuelto por tu ausencia.

Mientras te espero, me alimento de las estrellas en la noche, y en las frescas madrugadas, de sus preciosos amaneceres. Y en mi pensamiento, en el que vuelves a ocupar el mejor lugar del universo, hilvano lo que vendrán a ser los primeros bocetos del grandioso proyecto que juntos diseñaremos, provocando a un siempre amenazante pero ilusionante futuro a tu lado.

VIII

Hicisteis de mí un cobarde más, del montón de basura que muerta se pasea por un mundo que dejó de contemplarnos; desde que nos concibieron en ese rol con la contundente amenaza de que ser pobres de pan, conlleva en sí la mayor de las indignidades.

Cuánto de lo que tenía hubiera dado por pulsar antes esa mágica tecla que desconectara mi cerebro del entramado de maldad del que ahora casi una vida me está costando escapar.

Siento el peso del planeta sobre mis espaldas, portando su pesada carga, donde todo mal, y de todo crimen, irrefutablemente en sus deleznables actos me veo envuelto.

IX

Eres la brisa que espero en la lluvia que abrazo, en la ausencia que anhelo.

Al final, como a todo hombre, sé tan cierto que el cielo me aguarda, que tranquila discurre mi vida entre recuerdos que un día fueron preciados o amargos instantes que la memoria siempre acaba por endulzar.

Camino hacia un final que amenaza con ser de nuevo otro principio al que enfrentarse. Y qué mejor que mecido por las olas hacia buen puerto, que no bregando en su contra para morir exhausto sin llegar jamás a abrazar la orilla.

No quiero que ahora me domine la triste sensación de recordar las ausencias.

Hoy es contigo con quien espero compartir el camino. Y los demás podrán esperar mi llegada, que no será, si no aparezco junto a ti, para que todos lo puedan ver, y yo más que ellos, en el reflejo de tus ojos.

X

Una bella canción de amor que se despeña por el precipicio de la indiferencia.

Un canto impregnado de sutileza y verdad que no todos entienden.

Una mariposa que nace privada de la luz del día para, más tarde, caer muerta sin haber sentido ni un instante los rayos del sol bañar sus alas.

Un soñar con el beso del ser amado que no siempre llega al tiempo preciso de la caprichosa coincidencia.

Son las enormes y dolorosas tristezas, que desde la lejanía ejercen de maestras de nuestra existencia.

Seguimos esperando que el universo todo lo resuelva, mientras perdemos lo más querido por el camino de la vida, y cuando tan sólo tenemos de comodín al voraz e inexorable tiempo, que en su transcurso nos ayuda a lidiar con el dolor, aun estando siempre tan lejos de poder olvidar, sobre todo, aquello que tanto nos hubo herido.

XI

Déjame pensar en ti, en nosotros, en lo que ayer importaba toda una vida y ahora se oculta tras el recuerdo.

Todas esas tardes plomizas que se abalanzaban sobre nuestras cabezas, que tanto nos costaban sortear para mantenernos firmes. Donde amarnos era el mayor de los pecados, pues el destino jamás quiso preservar nuestra inocencia.

Fieles al corazón, traidores a la razón del mundo; era ganar a todos, perdiendo el sentido de una realidad que nos había traicionado antes de haber empezado a vivir.

Desde la tranquilidad de mi orilla, pienso, ahora, en ti, en nosotros. Y me pregunto una y mil veces. Y le pregunto al universo que todo lo contiene: si ya no puedo verte, ¿por qué te siento pegada a mí como si jamás te hubieras separado de mi lado ni un ínfimo instante?

XII

No voy a lamentarme de un tiempo que me enterró bajo el amargo desprecio de la indiferencia. Voy a reflotar resurgiendo del peso de sus miserias y tristezas, aunque me cueste batir de nuevo las alas al viento, cuando tantos años estuvieron ocultas bajo el polvo nauseabundo del olvido.

Tampoco renunciaré al profundo anhelo de todo lo que tuve en el pasado. No lo haré, aunque aquello me rompiera por dentro, como tampoco despreciaré lo que ilusionó a mis ojos, haciéndome temblar ante ti como ahora tiemblo. Y siempre ha sido así, instantes antes de imaginar que puedo volver a tu lado, robándote del mundo de los sueños para tenerte eternamente entre mis brazos.

XIII

No quiero olvidarme de vivir. Entre la planificación y el miedo a no subsistir, la existencia perdió el valor de la sorpresa.

Una estancia tranquila que no entraña sufrimientos. Una vida que no es tal, cuando no llega a albergar grandes pasiones que cuiden de nuestras ilusiones.

Un vagar en el que es nuestro dueño quien maneja el crono y nos va envejeciendo anclados a las mismas rutinas.

Un deseo tras otro perdido en el olvido.

Una fuente que mana futura esperanza y donde hago imposibles malabares para seguir siendo parte de ese fluir por este espacio, en el que sólo pido ser parte de toda emoción que me libere y transforme en plena libertad, sin esperar acercarme al final que ahora tan bien acepto, sin llegar aún a dejarme caer en los brazos de la muerte.

XIV

Temo al silencio que se pronuncia en la noche devastando de golpe mi sueño. Siento pavor por las palabras que jamás esperé que surgieran de tus labios, pero desgraciadamente tan bien conozco.

Me atenaza el miedo que envuelve a nuestra verdad, que se oculta a hurtadillas entre la mentira, por temor a salir herida.

Me escondo de la realidad que tu mirada proyecta sobre mis ojos, destrozando mi corazón, despedazándolo sin apenas inmutarse.

Temo a la oscuridad, como a perder para siempre el tacto de tu piel; cuando pensar en lo que vivimos, ya es lo mucho o poco que de ti me queda.

XV

Quise tanto a aquella mujer que yo esperaba que fuera a aparecer, pero nunca logró llegar a ti.

En cambio, detesté a esa otra, que a momentos me trataba con la exigencia de un viejo maestro de escuela, ofreciéndome el cariño contenido del estricto progenitor.

Quise tanto a quien consideró que su amor nunca podría ser para mí, porque tal vez una vez ya lo gastara. O quizá vio tan claro que yo no era quien a ella lograría sonreírle el corazón.

XVI

Anhelo un amor tranquilo que no juegue a huir si en su busca siente que voy, ni me tiente a perseguirlo en el instante en que preciso no pensar más en él.

Ambiciono un amor tranquilo que no tema al abandono si comienza a sentirme, ni se torture pensando en un control que no existe; que tan sólo vive atado a su cabeza, diluyéndose en su propia irrealidad.

Quiero un amor tranquilo que cuando las luces se apaguen y el mundo duerma, corra a recostarse junto a mí, y luego marche de mi lado para disfrutar de su preciada soledad.

Deseo un amor desatado que desde su libertad ansíe volver a verme y, cuando haya partido, sentir que todo su amor puedo aún palparlo desde el gusto que les regaló a mis labios.

XVII

Si vivo a salvo de la vida, se lo debo a las palabras.

En cada resquicio de mi cuerpo, las tormentas se desatan entre los devenires propios de la existencia y la conciencia que va creando situaciones extrañas que me aproximan a su precipicio, poniendo en duda a las que hasta ahora parecían ser mis inquebrantables certezas.

XVII

EL PESO
DE LA CONCIENCIA

I

Me vienen a visitar recuerdos densos y sustanciosos, a sabiendas de que no son los más acertados.

Los días, sus noches… Puedo contar las horas o dejar de hacerlo para sólo recordar los momentos elegidos: aquellos que me acompañarán siempre vaya a donde vaya. También son esos que en la noche despiertan a mi sueño para afirmar que no todo va de la manera correcta.

Los que golpean martilleando mi cerebro y después ahogan mi pecho mientras pausan mi pulso. Que arremeten contra mi corazón cuando empiezo a sentir que ya ni siquiera este me pertenece.

Es tanto el miedo que tengo al recuerdo, pero es un imposible dejarlo de lado. Él sabe regresar, conoce de sobra el camino que le lleva cada día a mi cabeza.

No puedo luchar contra todos, pero aún menos puedo hacerlo contra aquellos que ni siquiera me conocen.

II

Temblar como un párvulo en su primer día de escuela. Mirar desde la descomunal distancia que al hombre le obliga el sufrir cada uno de sus prejuicios.

Tener que aparentar tanta fortaleza, cuando lo que ahora necesitas es descansar entre sus brazos y por una vez sentirte protegido.

Penar como la mujer que eres, cuando tus sueños se ahogaron por el camino de un patriarcado que te ahorca y cercena todo ese talento que vive preso en ti.

Los miedos afloran cuando nos encontramos de frente con una realidad que nos pregunta y que, por mucho que le cerremos los ojos, no podremos impedir que exista ni evitar que vuelva a cada instante a recordarnos quiénes somos.

III

Mirarte inmerso en ti, sin que exista fuera nada capaz de distraerme.

Ese temor irracional de pensar que, tras separarnos, podrías desaparecer el tiempo suficiente para olvidarte de lo que fui; quizá para no volver a verme más de la misma manera en la que ayer sentí cómo me envolvían tus ojos.

Es el modo natural en el que entiendo que necesito de tu piel y de tu cercanía, pero que, además, reclamo el continuar contando con la fragilidad y el coraje de tu corazón.

Aquí es donde puedo percibir que tu deseo me pertenece, durante el pequeño trayecto que transcurre entre que mis manos se ocupan de tu piel, y tu aliento de dotarme de inmensa vida.

No existe un pequeño espacio en el mapa de tu cuerpo donde mis labios no hayan reparado en recalar para acabar descansando, inevitablemente, pegados a los tuyos.

IV

Esperar puede ser el verbo más cruel cuando reaparece en la vida tras no haberse dicho todo.

No debo pensar en nosotros, pero lo sigo haciendo junto a los sueños en los que te contenía y, en este instante, sólo puedo mostrarlos congelados en mi mente.

Caminar hasta desgastar las suelas de mis zapatos, mientras se forja el callo de la aceptación entre cerebro y corazón.

Después, otra vez esperar. Esperar a que mil lunas surjan tras otros mil soles, para intentar que el no volver a sentir tus labios pegados a los míos no duela tanto como ahora me devasta.

V

Es diferente a todo lo que soñaste. Es la descomunal fuerza que hace que el mundo se haga pequeño frente a tus expectativas.

Es sentir el motor que todo lo mueve; funcionar a toda máquina, esta vez dentro de ti.

No hay nada, por grande que parezca, que no puedas detener; ni por pesado que sea, incapaz de ponerlo en movimiento.

Es todo el amor que sientes que se te escapa por cada poro de la piel. Lo agitas y luego lo respiras para nutrirte nuevamente de él.

Vas a por ella, le pides bailar como si no hubiera nada más importante en la vida que hacer. Bien sabes que no lo hay.

Quiérela hasta la última noche o hasta que el penúltimo sol os ciegue con su brillo, llevándoos con él. Quiérela hasta la última de las consecuencias.

VI

Cómo explicarte la forma natural en la que te quiero y deseo, desde que me expando más allá de las nubes de mi pensamiento, hasta terminar perdiéndome entre el azul celeste que desprende tu mirada.

Siento el calor extenso de tu amor, aun negándomelo cuando te lo insinúo. Puedo incluso percibirlo tras tu desdén esquivo, queriéndome advertir que es mejor olvidar.

No insistas en hacerme creer que me dejaste de amar, pues, aunque tu boca se esmere en expresármelo repetidamente, tus ojos terminan por contarme una verdad muy diferente.

VII

Aprender a no temer a la muerte en soledad, a respirar sacando la cabeza sin recelar de la vida, a ser valiente…

No sé si existe mayor desgracia que no saber amar, siendo del todo libre.

No hay pesar más hondo que alejarse de la verdad cayendo en el ingrato olvido.

No conozco angustia más devastadora que desear con todas las fuerzas cuando hacia ti ese deseo se muestra vacuo.

Podría decirte que no soy aquel con quien los cielos se esmeran en esconderle lo que más le gustaría recibir de la existencia. Tantas veces estuve tan cerca de ti, pero nunca pude llegar a conocerte.

VIII

Me iré lejos, allí donde mi mente logre olvidar este presente absurdo de idénticos días, en el que uno tras otro se van sucediendo.

Siento como se me escapan los sueños, sumergidos en lágrimas de cristal y envueltos en caricias que se me tornan desconocidas.

El río fluye con fuerza y sus aguas más tarde se mansan. Es aquel el horizonte donde el sol recoge a su fiel amante, al que cada día espera para recostarse a su lado.

Es en esa eternidad hacia donde ahora me dirijo, el lugar preciso en el que te estaré esperando.

IX

Y me pregunto tantas cosas. Y, si pudiera, me acabaría preguntando qué fui para cada uno de los que me conocieron en el mundo del cual partí.

En realidad, somos lo que se espera de nosotros, pero jamás lo que creemos ser, aun habiendo estado toda una vida convencidos de ello.

X

Déjame que te ame tan sólo dos veces; que cada una de ellas sea de tan distinta y parecida manera, que logren de este modo perdurar por siempre entre la inconsistente incongruencia.

La primera habrá de ser cuando nada de lo que nos proponga el mundo haya de importarnos más que aquello que empieza y termina sencillamente en nuestras almas.

Mecidos en la calidez de la ternura y entre besos extremadamente lentos y delicados, nos descubriremos acariciándonos suavemente, respirando entregadísimos a la pasión.

Ensimismado en tu piel, navegando con las yemas de mis dedos entre tu cabello y profundamente enredado en la escucha de tu corazón.

Déjame que te ame dos veces… y dos veces más, cuando vuelva a amanecer. Déjame que desde el silencio pueda observarte sin pronunciar palabra.

Puedo disfrutar del brillo de tus ojos casi en el momento exacto de acariciar tus labios al roce con los míos. Sentir tu respiración cómo golpea incesante en mi rostro instantes antes de empezar a alimentarme de ti.

Déjame que te ame dos veces… y dos veces más, cuando vuelva a amanecer

XI

Me gusta cuando llora la noche y a la mañana ríe el sol. Puedo notar ese olor a tierra desde la esencia en la que una vez así quiso el cielo que se nos mostrara.

Entiendo la ausencia como una clara invitación al balance de todo lo vivido, lo consumido, lo transcurrido hasta hoy.

Debería dejar de pensar en tu sonrisa para hacerla mía. Jugaría con el pestañeo de tus ojos a esconderme y a aparecer hasta terminar pegado a tus labios, respirando tus cabellos.

Volvería a encontrarme con el que fui, aquel que aún soy, el que nunca dejé de ser.

XII

Sólo es aire que corre entre nosotros, pero duele más que la sólida certeza de que nada es eterno.

Al final, terminaremos solos. Aunque vivamos fulgurantes momentos de atención, acabaremos perdidos en el espacio.

Cuando las ideas se enfrentan, las almas se alejan. Al final, estamos solos en la manera más justa de acabar sin arrastrar a nadie a nuestro particular ocaso.

Es largo el viaje, donde los recuerdos mitigarán o avivarán el dolor.

Al final, terminaremos solos.

XIII

Quise entender las pausas de un corazón que agonizaba en medio del silencio. De un corazón del que no fui capaz de advertir cómo se desangraba.

Dio la espalda al amor, porque el miedo le atenazaba, confundido en su equívoca idea de un compromiso que jamás nadie le exigió.

Es una inmensa montaña que superar. Un océano de intempestivas tormentas. Un complicado reto el recuperar aquel todo donde ayer quedó anclado, deshilachado. Ahora, a merced de las alimañas del mundo que saben bien de su fragilidad. Tan vulnerable y enfermo que teme contra toda lógica volver allá donde fue querido.

Cambiaste a un lobo, que tu libertad preciaba y compartía el mismo sueño, por un puñado de hienas que vienen y van y a las que seguro que nada importas.

Sucumbiste a los viejos miedos que te acompañaron en aquel tiempo en que fue un imposible saber de dónde nacieron.

XIII

COSAS QUE
NUNCA TE DIJE

I

Entrego mis días a momentos interminables de desaliento y pereza, en los que llego a alcanzar cumbres de incertidumbre y tristeza bien distantes de cualquier resquicio de insensatez.

Me oculto al amor fraternal y exploro los demonios que duermen en mí. Aquellos que antes mantenía en silencio, lejos de mi intento de llevar toda armonía a la vida.

Recuerdo cuando la oscuridad era la enemiga y, tras ella, podía apreciar muy nítidas las miserias y enfermedades de este mundo.

Donde el amor no llega, la razón se vicia y el deseo se torna lujuria desasistida.

Donde tu amor me encuentra, fluye de nuevo la sangre. Siento que el querernos está a cien mundos del placer único de gozar de nuestros cuerpos desconectados plenamente de toda emoción.

II

Una prisión, un hombre herido.

Un proseguir de intensa lucha donde siempre perdemos los mismos.

Un corazón despedazado, una vieja idea que martillea en mi cerebro y no tiende al equilibrio.

Deseo que mi inspiración bordee tu pensamiento, mientras presurosa huye de la oscuridad que me alberga cuando sin razón me esquivas.

Tras tantas decepciones, no quiero contemplar el haber sido para ti parte de alguna de ellas.

Por otros cientos de detalles, ya no espero nada más que sentir que sigues siendo la misma alma que conocí en aquel entonces.

Nuestro extraño e insólito encuentro, en el que ya intuí que jamás podrías alejarte, marchar de mi lado.

Un fondo de deseo. Un ansia desmedida de ternura. Otro mundo a tu lado por descubrir, cayendo en él, ahogándome en otros.

III

Vago ante la indiferencia de la vida.

Entre golpes, decepciones, locuras y divinos proyectos me aventuro a devorar el pequeño mundo donde concurren mis delirantes sueños.

Sigo buscando, olisqueando todo aquello que me hable de progreso. Las multitudes no me escuchan. Persigo ese lugar en el cual una presencia puede decirlo todo sin necesidad de pronunciar nada.

Te encuentro entre la gente, lejos de ellos. Tu sonrisa consigue volver a hacer que reviva mi mirada. Me despiertas para que me dé cuenta de que tampoco estoy con ellos, para terminar tan cerca, inmensamente cerca, como viviendo en ti.

IV

No me apuntes a mí primero sin antes besarme. Osas ignorarme cuando mis ojos te ruegan lo contrario.

Te quiero y me voy. Y me sigo yendo hasta que entre la multitud nada te recuerde a mí, ni lo mucho que sigo pensando en ti. Lo inmensamente que aún te sigo queriendo.

Nos veremos en otro espacio donde nada podamos perder, pues la vida la dejamos mucho antes de llegar a donde ahora estamos.

No me preguntes, sólo puedo mirarte y entender por qué desde aquella primera vez que nuestra mirada se cruzó, empecé… terminé por amarte.

V

La alegría de vivir con todo el tiempo a nuestro favor. Sentir la profunda libertad de elegir cada uno de los pensamientos. Los que en el fondo siempre nos acompañaron durante el devenir de la existencia.

Incontables sueños por cumplir, donde nada ni nadie intentará impedirlo ni arrebatárnoslos, porque no podrán.

Robarte con la mirada sin que siquiera puedas sospecharlo.

RENACER

I

Una soga al cuello. Todas las calamidades que pueda sostener tu conciencia.

Al abrigo de lo natural, en la cima del silencio, tras cientos de estrategias, me desenvuelvo con el único motivo de salir de esta vorágine que amenaza con acabar con el sueño de la creación.

Me pide regresar de nuevo a casa, como si tan sencillo fuera a ser. ¿Es mi cerebro quien lo propone o quizá el milenario instinto que todo lo acaba por decidir?

Me enciendo desde mi apagada figura. «Para renacer», dirían ellos. «Para mantenerme vivo», asevero yo.

Y, mientras, ya no sé lo que aguardo. Una razón es lo baldío. La desesperanza de un alma herida. ¿Qué habría de esperarse de mí?

II

Miedo al miedo a perder, aun más al de seguir ganando, al desabrigo de quien amas, al estrepitoso abandono del deseo.

El hombre oscuro y cobarde camina a la sombra del mundo. Terco y rabio se muestra en él, iracundo con la adversidad, desprotegido ante el amor.

Ambiciona desterrar una mente poblada de desechos. Así transcurre su vida. Pensamientos inútiles que desembocan en la tortura de la razón, en el inminente desprecio por su alma.

III

Cuánto sé quererte entre el silencio del ocaso, ignorando al inminente amanecer. Mecido por los traicioneros halagos del recio licor, a dos tientos de tu boca y a milímetros de cometer el mayor estrago.

Ahora empezarás a entender todo lo que te nombro, y si, aun así, no lo lograras, no ha de importarte nada. Sólo deberemos esperar la inquietante propuesta de la arriesgada noche, en la que despuntará la mejor decisión posible.

IV

Pisados y enterrados. Mar de cenizas y pastos. Imposible saber cuál de ellos llegó antes para constatarlo.

Es mi codicia. Tu instinto al que me entrego y confío que permanezca por siempre inalterable, inamovible a los vientos podridos provenientes de la apestosa ciudad, a las viles acciones del despreciable.

Lo sé, vuelvo a hablar de ti, sin ti, pero conteniendo en mi mente tu esencia.

V

Es mi tierra la que quema a nuestros pies bajo un cielo que arde sobre nuestras cabezas. Sin salida, atrapados en la jaula del pájaro multicolor que mora por nuestro mundo.

No deseo elegir entre esa o aquella máscara. Volver a respirar a todo pulmón sin esperar nada y esperándolo al mismo tiempo. Sin inventar ni imaginar falsas quimeras que me conduzcan directamente al inevitable desastre.

Elegir, elijo y me quedo con tu palabra. Con los destacados versos tejidos en tu corazón y ahora anclados a mi ser, impregnándolo de tan preciso y necesario coraje.

VI

A raudales corren los vientos de efímera juventud. Del atardecer se espera lo mejor del camino. Cuando anochezca, ya no estaré aquí para contemplarlo.

Es la belleza sosegada de la no materia la que siento cómo me acaricia, penetra dentro de mi cuerpo sin oponer resistencia.

Es la dulce muerte del desapego, la absoluta libertad, la huida siempre ansiada hacia delante sin necesitar mirar atrás.

Nos arrastran los mismos vientos a la eternidad, mientras vemos a lo lejos el principio de nuestra nueva vida: durmiendo, conscientes, soñando… Mas el estado cualquiera al que nos eleven esta vez sí se mostrará rigurosamente palpable.

VII

Duermo la vida y vivo el sueño. Abrazo la pérdida alimentándome de la nostalgia. Me deshago mil veces y otro millar de ellas me vuelvo a recomponer.

El deseo siempre regresa cuando se nubla la razón y el juicio se desvanece. Desconozco el fondo, la forma y, sobre todo, lo demás. Desconozco el motivo.

Tu presencia física me incomoda: la ausencia de tu esencia cuando vuelvo a caer en ti, todo lo arrasa; me destruye dejándome a merced de las bestias de la tierra.

Pienso y pienso en todo lo que fue y ahora se muestra pausado, sin una razón aparente a quien culpar, cuando en el fondo de tu enredado pensamiento puedo reconocer ese atisbo efímero de ilusión que conquista un instante tus ojos y que, a tu pesar, te vuelve a delatar.

VIII

Hoy seré la vida para tus ojos; de ayer, trato de pensar qué no entendimos.

La armonía de la brisa, el despertar al mejor sueño, el silencio que alberga la pasión… El encuentro final de nuestros sentidos.

Seré lo que pueda llegar a ser. Galoparé hasta estrellarme contra el implacable muro de la realidad. Y, si lo traspaso, otro mundo ajeno a la razón me aguarda, sumergiéndome en las sinuosas aguas del profundo delirio.

IX

Eres aire que se escurre entre mis dedos. Suave brisa que acaricia mi rostro perdiéndose tras de mí. El tiempo que me marca. Así entiendo cómo deriva este continuo deambular.

Siento el miedo a no existir, aquel que no responde a la razón, campando por las mentes obtusas e idénticamente con las más despiertas y lúcidas.

Continúo mi camino plagado de trampas y artificios, pero no desisto de la idea de esa búsqueda que logre llevarme a tu lado.

Si te dijera que todo es verdad, que escribo desde la alegría de la mayor pena, la felicidad de la desdicha, la sinrazón de la tristeza cuando la siento como una descomunal carga.

Desde la belleza de los sentidos queda dicho, y todo acaba por saberme a tu nombre.

X

Me envuelvo en la luz que irradias tras tu regreso. Me ato al preciso recuerdo para no exponerme a la frialdad que este tiempo, alejados, pretende provocarnos.

Te recuerdo jugando entre nubes perdidas por mi pensamiento junto a vibrantes amaneceres e inexplicables ocasos, donde otra vez nuestra música tan dispar no ha cesado, logrando fusionar a ambos mundos en uno.

No soy como vuestro concepto de vida y, aún menos, especial ante el desmesurado universo. Otra mota de polvo en un espacio tan vasto como indescriptible, donde la presencia de sus estrellas me reduce casi a la nada, a lo inapreciable, al profundo olvido.

XI

En un lugar muy diferente de mi cabeza, recóndito si fuera de este mundo.

Es otro pensamiento extraño que, a su vez, está tan ligado a mí que me vuelve a asustar. Son mis perros ladrando a la conciencia. El vino que todo lo destruye. El alma del eterno infiel.

Una playa que construye mi cerebro, donde llora la luna en la noche sobre sus aguas y, de día, el sol lame nervioso sus arenas. Y yo allí, postrado, inamovible, licuando mis lágrimas para no sé qué virgen, para no sé qué extraña mujer.

XII

Eludir mi obsesión y no cambiarme por nada. Declinar volver a arrastrarme hasta embarrarme de desprecio.

Dejar de esperar, alejarme de la detestable basura.

Cumplo con lo esencial. Lucho por no verme fuera de este vapuleado organismo, de un cuerpo que ya no se reconoce y se resiste a mostrarse inútil.

De un corazón estrujado a un alma herida, queda el camino hacia ninguna parte, aparcado en la gelidez de la extrema indiferencia.

XIII

Como un cielo nublado que se oculta y a resguardo del espacio te esconde.

Es aire que agita tus ideas, sombra que marca la frontera del principio en que él comenzó a descubrirte.

Sobre todas las cosas, emociónate sin ser vista. Sólo yo, por y para mí. Y en cada lugar que te muestres, sabrás que ahí también te espero.

Son las inauditas ganas de sentir cómo revienta sobre mi pecho todo lo que guardo de lo mucho que ayer nos dimos. Retenida por tanto miedo, toda emoción no vale.

Empiezas a sospechar que tan bien no nos conocemos, que somos dos extraños con las mismas ganas de sentir el peso del arcoíris sobre nosotros.

Podrás pensar lo que te plazca. Perderte en un pasado en el que no logres encontrarme, sin llegar a sospechar que, con sólo girar tu cabeza, a menos de un pestañeo podrás sentir mi presencia.

XIV

A trozos… La sangre no me comprende.

No soy el que se fue dejando los huesos desparramados desde la arena hasta donde el mar lame las mentiras para convertirlas en certezas imposibles de perdonar.

Calmar lo incalmable. Rugir por las calles y ver como todos huyen de ti.

Me adentro en tu pensamiento y lo hago impersonal, sin que tengas el más mínimo interés por ocupar el mío. Y continúo hasta confundir a la razón con una bonita historia por contar. Siempre habrá quien la crea.

El eco de mi voz resuena en mi cráneo y ahora nada me quiere enseñar que esa bala, y la verdad que llevaba impresa, contenía mi nombre. Dicen que fue escrita para mí.

XV

Tan pequeños... Seres de mirada cálida y serena que nos comíamos a besos tras cada esquina. Éramos todo lo que los mayores nunca quisieron que fuésemos y un día tanto ansiaron ser.

El tiempo siempre se encarga de todo: sedante del dolor, remedio sanador ante la pérdida y ejecutor sin rival de la propia vida.

Sabes que estaré donde lo requiere la emoción, donde el mundo, nuestro mundo, nos aloja en el mejor lugar.

Aunque me rindo al universo, a la tierra y a los hombres me enfrento. Mientras todo esto sucede, seguiré cuidando sin prisa alguna de tu corazón.

XVI

Brillaremos bajo este sol hasta que pueda ocuparme de nosotros. El viento frío del norte no volverá a helar nuestra sonrisa.

Tantas cosas se esperan mientras la vida transcurre... Si el día aguarda a la noche, ¿qué habré de objetar?

Mi regreso... tu deseo. Cómo pienso en nuestro encuentro.

El único fin posible nos aproxima a una ansiada eternidad, entre la cotidiana realidad y la contenida ternura que derrochamos al mirarnos.

Tú trazas el camino, yo espero en ti descubriendo en qué parte de tu ser ya me alojas.

Vuelvo a pensar lo mismo. A dibujar en el cielo los sueños en los que descanso de la mano y a tu lado. Somos dos piezas de un todo contenidas en un mismo espacio.

XVII

Me quisieron arrojar al infame pozo de la indiferencia, donde la mediocridad campa a su antojo. Me dirimo entre el amor absoluto y un odio desmedido que me acorrala hasta trastocar todo lo que creo sentir. Los mezclo sin llegar a saber bien quién es quién en esta fraudulenta batalla.

Desconozco quién manda en mí, más allá del miedo, que no lo puedo despegar de mi cuerpo, ni provocando esta ira salvaje e indomable.

Siglos de instrucción inmerecida y embrutecimiento alimentan la confrontación. Pero yo no voy a estar ahí más tiempo por vosotros. Si queréis dormir, no seré quien resuelva despertaros perseverando en lo imposible.

Seguimos sin mirarnos al espejo de la realidad, soltando a la princesa que nos dibujaron en la frente para después creernos abandonados. No huyamos de la molesta evidencia, aunque conlleve dolor. Tan inexorable es como la muerte para quien un día vivió o creyó hacerlo.

Dos muertos y un solo tiro. Observas tu cuerpo desde la gran altura, estático, inerte. La mente tampoco sirve aquí de nada. Es como vivir en la Tierra encerrado en una caja acorazada, aislado de toda acción corporal, de espaldas a una existencia que no te apetece.

Aún puedo moverme en el espacio. Mi cerebro… ¿y yo? Tú no, tú sigues abajo, inmóvil, abatido por un disparo.

XVIII

Con toda la luz de frente, ciegos, incapaces de distinguir.

No hay mentiras ni desgracias. No hay razones ni verdades. Tampoco emociones que desasosieguen el alma.

Ni irá ni lujuria. Ni soberbia ni venganza. No hay tristezas ni sufrimiento. No existe el dolor. Ni el día y la noche encontraremos.

No hay amor ni hay alegría. No hay esperanza, no hay vida.

No maldeciré a Tánatos ni encumbraré a Eros. ¡Ya no existen!

XIX

A tus sombras me abrazo. La luz que irradias entre tristezas y contenidas alegrías la reconocí nada más llegar y ahora vive anclada en mí como si siempre me hubiera pertenecido.

Pasos eternos, debilidades que me acercan a lo real en ti, encontrándonos en su mayor altura, siempre retando al riesgo.

Una montaña mágica lejos de todo, que en su cima sostiene tu nombre. Un púlpito que lo prefiero vacío. Allí no quiero alojarte; en mi mente estamos a la misma altura, frente a frente, sosteniendo nuestro miedo, conteniendo toda emoción.

Así transcurre mi existencia, caminando hacia ese sol brillante de tu generosa locura, sin terminar de alcanzarlo.

Te espero frente al ruido de este mundo y junto al silencio que forjo en mi espacio. No es necesario desviar la vista hasta el final del cielo para entender que el camino se estrecha y más fuerte y sólido me planto en él ante la vida.

Terminaré de conocer tu alma cuando me hagas partícipe de tus miedos. Asentado en la telaraña imposible de mi mente, pienso y pienso en esperar, no a quien me habla desde sus labios, sino a quien lo hace desde su maltrecho corazón.

XX

La melodía siniestra del olvido: la tortuosa senda de la incertidumbre.

Nos prodigamos desde nuestra verdad tambaleante e inconsistente y comenzamos a ser los torpes aprendices de nuestra propia existencia.

XXI

Cuando escarbar hasta llegar a abrazar lo miserable que portamos consiste en dejarse arrastrar en presencia de un mundo que desprecia nuestra esencia.

Cuando los vientos de juventud desaparecen y los que vienen se tornan calmos y serenos, de profunda aceptación, vestidos de predecible consecuencia.

Cuando dejarse llevar empieza a tener mucho más sentido que remar contra corriente para terminar allá donde partimos.

Cuando, sin haberte dado cuenta, la vida vuelve a dejarte en el lugar donde empezaste a vivirla, y un día, sorprendido, te preguntas si todo el tiempo luchado valió de algo.

XXII

Golpe tras golpe resonó la intolerancia en su cabeza. Golpe, a golpe de golpe se rompían las esperanzas destronando a la razón.

Morados de tristeza, cortes sangrantes que devastaron ilusiones al tiempo que su piel, pulverizando sueños, consumiendo la exigua inocencia de la que aún disponía.

No llegó a conocer a aquel extraño: el siniestro verdugo, el vil ejecutor.

Quién puede esperar que quien te quiere vaya devorándote minuciosamente el corazón para más tarde cebarse con tus huesos.

Quien ansía poseerte es incapaz de amarte. Aquel que no sabe querer todo lo que no puede controlar acabará por destruirlo.

Dejó de existir antes que ella. Jamás fue hombre, nació niño y terminó transformado en bestia.

Se esfumó el amor cuando empezó a temerlo. Sentimiento ya corrupto y nauseabundo que se mezcló con el aire para buscar lo que de ella quedaba. Para terminar de pudrirse con su sangre y por los suelos sobre aquel cuerpo que yacía ya sin vida.

XXIII

Te desplazas por mi mente como una nebulosa imposible de atrapar. Un pensamiento perdido que no vino a buscarme, me encontró por casualidad y lo terminé abrazando

Otra batalla, otros mil manifiestos donde gustosamente podré enredarme contigo.

Bronco con lo que pienso, temeroso y desarmado con todo aquello que empieza a saberme a ti.

Es por la forma en que me miras que dejaría para después tanta ligereza irrelevante que condiciona mi vida. Quizá para no caer nunca más en ella.

Volver a empezar una nueva aventura cerca de como llegas a mirarme: es el pensamiento en el que encuentro más sentido a la palabra «libertad».

Verte para después recordarte es la extraña manera de quererte sin que sintamos la abrumadora atadura del compromiso.

XXIV

Inmerso en el profundo sosiego, envejezco a merced del tiempo, indiscutible dueño y ejecutor de toda vida.

Por seguir existiendo, un día lo entregué todo.

Tan despacio como deprisa transcurre el dolor sin necesidad de recalar en el mismo infierno, ni de recordármelo cada vez que voy a su encuentro.

Vuelven los recuerdos a emborrachar mi mente descabalando todo juicio. Y yo aquí, presente, aceptando la condición de rebelde morador de este planeta.

Me amarga la cotidianidad al tiempo que sufro su ausencia, incluso estando a nada de su cuerpo, pero a una eternidad de su pensamiento.

XXV

Acostumbro a soñar dormido en el único sueño que jamás tendrá dueño. Despierto, es otro sueño más que nace extorsionado por la razón, surgido del miedo y la derrota, con nombre propio y amo conocido.

Tú no cambias, yo no puedo ni sé. Nada cambia y todo se vuelve a desordenar.

Lo mejor es lo que acabamos guardando el uno para el otro, donde los reproches no prosperan y las ganas infinitas terminan desnudando nuestros cuerpos.

Te amo ante la espera que se desmorona con el amanecer. En los pasos que damos hacia lo inexplorado, donde el ingenuo que a todas partes me acompaña sigue creyendo en que en su finita existencia. Contigo será un para siempre.

Son palabras rotas que se ahogan cuando frente a frente nos quedamos solos, pero, aun con todo, las sigo escribiendo. Unas veces sobre tus ojos; otras muchas, frente a tu sonrisa, abrazando tu corazón.

Acaricio tu mejilla con las yemas de mis dedos lo más suave y leve que acierto a hacerlo. Vuelvo sobre mis pasos y desaparezco tan deprisa de allí.

El sueño se esfuma, y mi razón y yo otro día más despertamos junto a mi soledad.

XXVI

Que aún sigo respirando, no os lo puedo negar. De este tiempo ya no queda nada por descubrir que mi limitada inteligencia alcance a ver.

Preciso de otra vida, otro cerebro al que recurrir, un corazón puro y entregado, preparado para ser despedazado.

Necesito otra vida que me dé la fuerza, el aliento y arrojo que en esta no he sabido encontrar.

Ahondar en la oscuridad sin volver a casa escaso de recursos, con las manos infestas de odio y el ánimo socavado por la realidad.

Necesito no contar contigo, ni con nadie. Será la forma correcta en la que después pueda ir en tu busca.

Necesito otra vida donde poder encontrar la verdad enterrada en mí. La verdad que no existe en otros. La que me dé vida y muerte, la que me empuje a la paz.

XXVII

Duele pensar… Tanto duele que, hasta al escribir, mis dedos doloridos se atenazan y ya no responden.

Despavorido, escapo de las falacias de los más perversos. Que su sombra no me alcance es una obsesión recurrente que recorre mi cuerpo y a mi mente alerta.

Ahora es cuando te pido que vengas conmigo. Qué solo no puedo hacerlo.

El aire que alimenta mi cuerpo y revuelve mis sentidos va deján-dome, persiste en esconderse. Si no te encuentro, ese instante en el que el miedo se ceba con el niño que pernocta en mí me hace tan vulnerable que la razón volverá a su ser y traerá de nuevo al asesino gris del mundo terrorífico de los cuerdos.

Volveré a ser aquel humano que, junto a otros, dé sentido a un planeta que hace siglos lo acabó perdiendo, alejándose de la be-lleza, donde las formas desaparecieron, donde el fondo se ahogó en el gélido pozo de la vulgar mediocridad.

XXVIII

Donde aún no he podido regresar, la belleza de su naturaleza muerta me espera estática y complaciente.

Encontraré allí la incuestionable culminación que deriva en la insurrección de todo sentido y en la severa aceptación del ineludible final que me aguarda.

Tan lejos de este mundo he logrado llegar, que abro mis brazos sin temor a lo inevitable. Al otro lado permanezco a la espera de ser envuelto por su halo de perfección en su afanoso e inusitado beso.

Es un canto a la vida, con la infinita esperanza de que mi inmaculado pensamiento adolescente, donde no cupo nada que no contuviera la eternidad, regrese de donde surgió y fue creciendo. Esta vez esperando que se cumpla cada deseo que, en ese entonces, ya quedó enterrado y que llegará por fin para quedarse en mí, aunque parezca demasiado tarde, pues ya he dejado de respirar, pero de sentir, jamás.

Índice